Tiere, Wolken, Rache

Printed in Austria by Druckhaus Nonntal, Salzburg
ISBN 3-7017-0457-0

ERWIN EINZINGER

Tiere, Wolken, Rache

GEDICHTE

Residenz Verlag

Kompressor

Die Gefühle, während die Auf-
Merksamkeit kreiste, verdichteten
Sich wie in einer glatten Kammer
In die gepumpt wird bis zum Geht-
Nichtmehr: die fiebernde Lust, alles
In Geschichten vorkommen zu las-
Sen, alles! Wie Giraffen radelten
Die Kurzarbeiterinnen durch den
Sonnentag, durch Zeitsäulen, Bläue
& fleckige Schatten. Auf dem Park-
Platz machten Autofahrer isometrische
Übungen, hörten nicht das männer-
Feindliche Lied, das aus dem Radio
Kam. Dann der durchdringende
Geruch gummierter Badehauben, auf
Einem Rasenstreifen eine Frau, die
Mit den Zähnen Zeitung las.
Baustellenlärm. Fettes Leben! Wo
Sind wir? Hätte ich etwas gesagt, ich
Hätte beim Reden in die Luft gebis-
Sen: Take away my trouble – Nimm meinen
Trubel weg, die Schweinsmasken & das
Gefeilsche um Intensität, Neue Wel-
Len, was noch? Ich ging ein weiteres
Stück in die eingeschlagene Richtung
& kehrte erst später zu meinem
Anfänglichen Geschäft zurück, welches
Das Schreiben war. Wie das klingt!

Was ist der Unterschied

Ich schrieb so: Ein Hund trank aus
Einer Pfütze, daneben zwei Wolken, mit
Kreide auf den Asphalt gemalt, stein-
Blau. Eine Frau mit Delta-Stiefeln
Trat in die Pfütze, hielt den rechten
Arm etwa so, als wollte sie sich ein

Stück Fleisch aus der Hüfte schießen.
Warum ist der Mensch so traurig? Warum
Kam ein kleiner Mann aus einem Loden-
Laden & ließ vor der Auslage seine
Zähne arbeiten, als müßte er sich durch
Alles erst hindurchbeißen? Das Knirschen!

Ich ging an einem Schattentrichter
Vorüber, wütete gegen nichts & niemand
& hatte das Gefühl, als würde ich ein
Leben heimbringen. Wo war ich? Ich bog
Um eine Ecke & sah zwei kämpfende Rad-
Fahrer, sie traten mit den Beinen nach-

Einander & schwangen ihre Fäuste, ohne
Das Gleichgewicht zu verlieren. Wie zornig
Ihre Gesichter leuchteten! Als ich
Gerade dachte, sie hätten einander doch
Auch anspucken & in die Speichen treten
Können, fuhren sie in eine Seitengasse

& entschwanden also. Freilich wurde
Ihnen auch dort die Welt um die Ohren
Geschlagen, da half keine Flucht!
Ich schrieb das & meine Finger rieben
Langsam über den Kopf, strafften ein paar
Haarbüschel. Auch das rundum Hingebreitete

Zeigte jetzt seine Mähne, trieb sie ins
Licht hinaus: Wir sind da, wir sind
Die Dinge, seht her! Dann rief jemand
An, sprach aber nichts, ich hörte nur
Schnelles Atmen, zuletzt das Knacken in
Der Leitung, als aufgelegt wurde.

Wiederbelebung

Fremde Glocken stehen am Himmel. Innen
Oder außen, das ist jetzt keine Frage, brennt
Ein wütendes Feuer. Verstärkter Augendruck.
Blitzende Tropfen. Man gebe ihnen einen
Schuß Pulver! Noch mehr Wirklichkeiten! Er-
Klären! Was aber ist bitte passiert? Und
Warum schießen alle nur noch herum wie ver-
Trocknete Seelen? Sie schaufeln Sekunden unter
Die Sessel, wollen fetzige Tage. Sie binden
Tiere an Fahrradständer, zwingen das Grau
Raus. Sie schleifen die Schönheit über die
Straße, sehr hell. Sie verdrehen einen Muskel
& rollen Linzer Augen über die Gegen-
Stände. Sie machen Löcher in die Berge, abon-
Nieren ein Modeblatt. Sie drucken Garantiescheine
& vertrackte Melodien. Sie verlangen Quinten
Schwarten, Kunst als Brei. Sie schicken einen
Einbeinigen auf Werbetour durch die ländlichen
Haushalte. Sie sprechen über Videos, über-
Springen die Zwischenräume. Sie beugen den
Kopf vorsichtig in den Nacken & drehen das Ge-
Sicht leicht nach unten. So können Blut, Schleim
Oder Erbrochenes schön abfließen.

Der Dschungel brennt

Die Schwalben gieren herum, lassen sich
Fallen. Staub rieselt aus einem
Baum. In der Auslage eines Elektro-
Geschäfts laufen stumme Fernsehapparate:
Jemand zieht eine Handbremse an & erhebt
Sich, steigt aus: Es ist eine Frau, sie
Bewegt die Arme & die schwarze Frisur in
Ihren Achseln beginnt zu trocknen. Daneben
Ein Dschungelprogramm: Farbige Schlangen
Sterben & sind schön bis in den Tod.
Sie winken uns nicht.

Was die Nacht zurückließ

Ersatzteile, Rahmen. Schmale Schatten
Die vorsichtig den Morgen betraten
& dann gleich durch ihn hindurchwollten.
Metallgitter, an denen man die Schuh-
Sohlen reiben konnte. Mauern, Ringe.
Zwei Drahtkörbe auf Rädern, die ins Eck
Gerollt waren. Kalte Früchte, Dosen.

Faulte hier irgendwas ab? Eine Erinnerung
An die vergangene Nacht, die als dünne
Erfindung über die Treppen huschte & nun
Nicht schnell genug verschwand? Pelziges
Kernfleisch? Knospen auf Grau?

Zwischen Pfosten eine Mustang-Hose, Tau
Drauf. Dahinter Stimmen, die einen seltsamen
Kleinen Tanz übten. Eingänge, Ausgänge
Durchgänge. Parkflächen, zur Hälfte über-
Wachsen. Tote Kabinen, Knochenfeuer. Bemalte
Affen, Flugzeuge & eine winzige aus Balsa-
Holz gebastelte Apotheke in einer Auslage.

Figur in Bewegung

Es gibt Übereinkünfte, denen zufolge es
Manchmal zu spät ist & manchmal eben nicht: neun-
Zehnter Mai. Schwere Schritte. Neue Wege durch

Die Nacht. Ringsum muscheliges Licht am Asphalt
Sogar die Steine wirkten krank. Im Kino erbrach sich
Ein Betrunkener. Er kotzte zwischen die Stuhlreihen

Während auf der Leinwand eine Schauspielerin ihr
Geschlecht an einer Mülltonne rieb. Dann die drei
Minuten vor der Auslage der Tierhandlung, im

Rücken der dunkle Fluß: Wenn er geredet hätte
Wer wohl wäre dagewesen, um zu hören? Weiter vorne
Waren nachmittags Kinder die Stufen herabgestürmt

Irgendwo in der Nähe mußte es einen Park geben.
Eine alte Frau spuckte in die Rosen, die Spucke
Zog zwischen den Blättern hindurch wie in ein Tal.

Und über den stillgelegten Farben schossen nervöse
Vögel herum, sie trugen winzige Pullover & stiegen
Hoch in die Luft hinauf, deren beste Zeit ebenfalls

Schon vorüber war.

Während du weg warst

Eine offizielle Version, wenn es
So etwas gäbe, könnte heißen: Ich
Bin dageblieben, um zu arbeiten.
Nun hänge ich bloß herum, schon halb
Auf dem Rücken, die Pflanzen schauen
Mich an. Nach vielen Minuten stehe
Ich auf, schieße ihnen Wasser über

Die Blätter, die plötzlich leuchten
Wie Fleisch. Warum also bin ich
»Dageblieben«? Man kennt die Träg-
Heit, man kennt Savannen, Bienen
& die kleinen Feuer zwischen den
Sekunden. Mit all dem hat es nichts
Zu tun.

Schrägriß

Mit Draht an die Hauswände gebundene
Äste. Almdudlerflaschen. Schöberl-Suppe.
Das Bienenhaus. Die schneidige Tante
Aus der Stadt, im Antilopenkleid
& voll frischer Taten. Am Sonntag rührt
Sie mit einem Schuh in einem alten
Zuber, die Brühe kreist. Montag: Strudel-
Tag. Zuckerflammen. Schöne Venen. Das
Fohlen heißt Satan & ist natürlich
Völlig schwarz. Blüten rieseln aus einem
Baum, die Adlerfahne steht steif im Wind.
Eine Frage an die Spatzen: Was eigentlich
Ist so schön an diesem Baden im Staub?

Zwei. Ein zerschnittener Teppich als
Fußabstreifer. Wind auch im Puppenschuh.
Bruchstücke einer Mineraliensammlung
Auf dem Fensterbrett. An der Wand des
Schuppens die Plakate für das Schlauch-
Bootrennen. Der Kräutergarten. Die
Krautfleckerlfrisur der Nachbarstochter.
Fex, der unruhige Hund, dem die Kinder
An manchen Abenden eine Taschenlampe um
Den Hals gurten, mit der er dann wie
Verrückt über die Wiesen hetzt. Die
Wolkenkrallen. Pickige Finger. Donnerndes
Fleisch. Fleischige Borsten: die Tage.
Usw.

Going Somewhere

Los, ihr Pfeifen, fahrt den Tankwagen
An den Abgrund & laßt die Soße rauslaufen!

Mach den schwarzen Ritter fertig, Schwein!
Dies sprach der Spiderman, sehr dunkel

Gekleidet. Wie die Gesichter in die Tage
Hinauswuchsen! Ein Eisschrank tuckerte. Das

Land wollte blühen, schweben & ging bloß
Täglich mehr in Fetzen. Biskotten gefällig?

Ringsum kreisten Geschichten weiter. Leben
Um halb vier: leuchtende Finger am Kaffeehaus-

Tisch. Später, anderswo: Ein Bussard heulte.
Warum heulte er? Kam alles wirklich nur mehr

So, wie es denn kommen mußte? Jedenfalls: Es
Roch nach Verwestem. Sekunden danach: ein

Leises Schimmern am Rand der Kinnlade eines
Menschen, der auf unsichtbaren Stelzen

Durch die Tage zu tappen schien. Zwei Mädchen
Schmückten Ihre Fahrräder, umwickelten

Das Gestänge mit Schleifen aus Kreppapier.
Eine der beiden trug eine helle Gendarmenhose

& einen Rex-Gummi als Halsband. Schön, ein-
Deutig.

Gemischtes Land

Prärie-Tage, Eisenkrautsaft, das Leben
»Auf dem Land«, wo ist das? Die Gesänge des
Hundes! Der Ansager schnauft & hebt
Den Bauch. Die Sonne spritzt runter, ju-
Belt, keilt sich zwischen die Brotrinde
& die schweren Gläser. Hände als Sche-
Ren, Scheren als Hände. Dünger aufs Brot.
Gellend springt der Kater hoch, empfindlich
Wie eh & je. Sägespäne rund um die Wald-
Viertler Platten, eine letzte Unterhose
An der Leine. Fenchel, Asche & langsam ster-
Bende Farben, Orgel, Saxophon, hinten ein
Paar Berge, zum Drüberklettern. Von fern
Die Elefantenschreie.

Kinderspiel

Und dann noch so ein Dienstag. Oder ein Mitt-
Woch? Am Vormittag Schreie vom Wasser her.
Ein Bub drischt mit einem Ast in die See-

Rosen. Das geht ganz leicht, nicht? Das Wasser
Steigt auf, zieht sich ins Unsichtbare, ver-
Rollt sich. Jetzt nicht schwach werden, Wasser!

Now you see it – now you don't

Wie also ist es? Die Ge-
Gend wackelt, nur der Hof
Steht noch da wie eine Festung.
Neben der Ostmauer vom Wind
Auseinandergeboxte Büsche, davor
Die verstreuten Wäschestücke
& dieses melancholische Ziehen
Im Auge . . . Und sonst?

Der Bauer liefert Kirschen
In die Garnisonsstadt, die
Bäuerin steht nur deshalb noch
Auf beiden Beinen, weil das
Umfallen, wenn man das an-
Schließende Hochkriechen bedenkt
Letztlich noch mehr Kraft kostet.

Einmal jedoch legt sie sich
Flach in die Böschung, läßt
Sich vom Licht rasieren – fast
Vierzig Minuten vergehen . . .
Das Leben ein Album, in dem dann
Nichts genau das ist, was es
Zu sein schien? Sie denkt nicht
Darüber nach, schließt nur ein
Wenig die Augen.

Als sie sie wieder öffnet
Fliegt gerade ein Huhn nach
Einem Fußtritt aus der Tür
In die Wiese heraus. Es schüttelt
Sich, wackelt & rennt seitlich
Weg, als hätte es Durst oder
Noch dringend etwas zu besorgen.
Das eine freilich schließt das
Andere nicht aus.

Bildnis mit Schürhaken

Das Gewitter schickt einen langen Dolch
Durch die Lufthülle, reißt sie kurz aus-
Einander & kommt dann mit einer Art
Schmelzwärme, wie wir Erdrindler sie uns
Nicht wirklich vorzustellen vermögen.
Keine einzige mir bekannte Geschichte fängt
So an & dafür gibt es gute oder weniger
Gute Gründe, die von mir aus für irgendwen
Irgendwann durchaus von Interesse sein
Mögen. Wir aber setzen fort: Schwere elek-
Trische Fetzen über dem Mollner Becken.
Die Bäume verstummen. Allerlei Wirbeltiere
& Milliarden von Insekten begrüßen den
Wilden Rest des Tages, indem sie sich wuchtig
Herumbewegen. Eine junge Natter hebt ihren
Kopf dicht unter dem Rand eines zerrissenen
Raiffeisenkassen-Luftballons, einige Kilo-
Meter unter ihr kocht die Erde. Die Stute
Auf der Seilerwiese schüttelt sich, die Hühner
Rennen ein Stück bergauf, drehen dann wieder
Um; ihr Gefieder ist unauffällig, aber zweck-
Mäßig. Erdferkel sind schweinsgroße
Termiten- & Ameisenfresser mit rinnenförmiger
Zunge & hufartigen Grabkrallen; sie leben
Im fernen Afrika. Ich aber stehe da, auf
Geologisch ausreichend erforschtem Heimat-

Boden der Nördlich Gemäßigten Zone, in der
Hand einen Schürhaken, wie wir ihn während
Der kälteren Jahreszeiten für den Ofen
Brauchen, jetzt freilich bloß zum Hervor-
Ziehen des Kugelschreibers, der unter die
Bretterbank gefallen ist. Läßt sich
Damit, nach Möglichkeit, noch eine kleine
Geschichte skizzieren? Das Gewitter ist da.

Am elften

Nach einem kurzen Besuch in der Kinder-
Abteilung des Ortskrankenhauses saß ich
Auf einer aus Holzpflöcken gezimmerten

Bank, unter der zerbrochene Haselnuß-
Schalen lagen. Drüben im Wald heulten
Jungmenschen, preschten durch die

Birken, Singvögel stiegen aus den Bü-
Schen. Wie frierende Panther standen
Einige der Bäume aneinandergepreßt

Schwankten nicht mehr. Im Tal
Wurde ein vor drei Tagen Verstorbener
In die Erde versenkt, der leichte Wind

Trug die Geräusche herauf, Blasmusik
& Schluchzen. Im Gegenschwung die
Hügel, wie frisch aus der Glut. Eine

Landkarte der Geräusche? Ach wo. Die
Gedanken schlitterten ins Blau, dann
Wieder raus. Aber erst später.

Wunder, paniert

Cremiger Tag, erste Auflösung: die letzten
Meter des Schotterbachs, dann die ge-
Streckte Fläche des Stausees, die ganz
Leicht türkiselt. Die Sekunden: dick & warm.
Und die Hügel wie aneinandergedrängte
Elefanten.

Abends Hundsgebell von einem
Balkon herab. Stille Küche! Eine Ameise
Klebt auf der blutigen Flanke des ge-
Schlachteten Hasen. Wein aus dem Tiefland.
Die schöne Berührung an der Kehle des
Schenkels!

Gegen Mitternacht noch einmal
Am Wasser, das Bewußtsein fast ausgekegelt.
Die nassen Steine kleine Spatzen, die über-
Einander schlafen, während die aus der
Dunkelheit herausgebackenen Dinge immer
Wieder neu versinken im alles löschen-
Den Grau.

Auch sonst: gespannte Zurück-
Haltung. Sind die Oberflächen also scheu?
Selbst diese Frage ist nicht sauber zu
Beantworten.

Allein

Seit vier Tagen den Tisch nicht ab-
Gewischt: Wohin führen die Fährten?
Am Schluß einer Komposition mit dem
Titel »The Unknown Dissident« prasselt
Schon das Feuer & eine der Abbildungen

Neben den Anmerkungen über die Musiker
Sieht aus mehreren Schritten Entfernung
Wie ein dunkel eingefärbter Kadaver
Aus: Amen. Wozu noch Hinweise suchen
Dafür, daß hier gelebt »wird«?

Oder fliegen überhaupt schon Toaster
Bügeleisen, Mixer & die Elektrouhr
Durch die Abendluft, während vor der Tür
Eine Frau mit Koffer steht & zu Boden
Blickt? Nachts: Traum von Fischen

Denen das Wasser fortschwimmt. Ein
Großer grün-silberner Hecht liegt da
& starrt böse an seiner harten Schnauze
Vorbei ins letzte Rinnsal. Nichts bleibt
Zurück.

Ein Wink

Die Katze tanzt. Dann zeigt sie ihre Kau-
Werkzeuge & verschwindet sehr langsam
Hinter dem Holzstoß. Ihre Milchschuhe!
Die Augen schießen Ringe ab, sie treiben ein
Stück dahin & kommen dann zur Ruhe, span-
Nen sich irgendwo drüber, frei wie ein
Brückerl im April. Nirgends ein Buntspecht
Nirgends Quadrophonie. Aber das Leben muß
Ganz nahe sein.

Noch näher

Wie die Bergbienen im Regen
In den Blütenkelchen schliefen!
Oder waren sie schon hinüber?
Es war die Schafskälte & den

Halben Tag über lagen die Schatten
Auf den strotzenden Pflanzen
Aber selbst in der Trübnis der
Dämmerung konnten die Tropfen an

Den Spitzen der tief gebeugten
Gräser noch aufstrahlen & dann
& wann brachte ein Windstoß ein
Langes Grasblatt in eine aus dem

Schaft heraus wirbelnde Bewegung
Die sich wie ein bewußt & uner-
Müdlich wiederholter Hieb ausnahm.
Einmal nur treffen!

Vom selben Hügel

Grüß euch. Schon wieder Sommer. Ein leichtes Feuer
Fließt nach oben & wischt über das gestreifte
Licht. Genau. Floppy springt hin & her, schleckt
An seinem Landstreicher-Eis, fünf sechs Hühner

Tanzen ihm vor der Nase herum. Staub auf dem Benzin-
Kanister, grüne Flaschen in einem Quader aus Holz
& darüber eine blaue, leicht durchhängende Wäscheleine.
Violette Unterhose, hab keine Angst! Wir sind bei

Dir, es kann dir nichts geschehen! Floppy hat das Eis
Fertig, pfeift mit den Fingern einem Habicht, der
In einer großen Spirale herankreist. Floppy schnitzt
Einen Falken, läßt ihn steigen. Ein schönes Motiv.

Die Stille aber will noch mehr von uns. Sie schleckt
Uns ab, wirft sich auf unsere Seite, dreht richtig
Auf & hält alles in Schach: Sogar der Wind ergibt sich
& hängt nur noch da wie ein Seil, sehr alt.

Halb neun

Gefleckte Zitronen am Tisch, nervöse
Mütter im Radio. Sie wollen Ruhe, wie ich – oder?

Tagelang stehen Blitze über unsichtbaren
Köpfen, bemalte Mülltonnen werden um schräge

Mittelachsen gedreht, in einem Lied fährt jemand
Einen Lastwagen voll Stangenbohnen nach Utah.

Ist der Kopf eine Bruchbude? Was ist das
Gegenteil davon? Story: Der Affe fotografiert die

Familie. Die Familie lacht. Anderswo werden Fla-
Schen hinter den Ofen gestellt, damit sie

Warm werden & sie werden natürlich auch warm.
Hier aber: Die Seele würgt den Raum. Die Unruhe

Nimmt zu. Daher: Mondlicht & gewöhnliches Elektro-
Licht, was treibt ihr bitte zusammen auf dem

Bügelbrett, das in letzter Zeit immer häufiger
Als eine Art Ablage dient? Wollt ihr in einem Buch

Vorkommen? Wollt ihr brennende Gebäude, den
Schnell gezeichneten Baum? Wollt ihr Schurken, ge-

Frorene Bretter, das Schleierkraut? Wollt ihr
Zehn Millionen Geschichten, von denen keine die eure

Ist? Wollt ihr das Lied vom Kummer? Und wollt
Ihr die Andacht, mit der die letzten Himbeeren im

Loch verschwinden? Oder wollt ihr, daß eure & meine
Wege sich einfach wieder trennen? – Das würde

Euch so passen.

Binnenland

Kurz nach neun räumte ich die Spiel-
Sachen ein, die ich den Kindern
Versehentlich unter den Tisch geworfen

Hatte. Sie schliefen, als ich das
Schrieb. Auf den St.-Kilda-Inseln gibt
Es wild lebende Hausschafe, der Kopf

Der Lachmöwe färbt sich im Winter
Weiß mit einem kleinen dunklen Ohr-
Fleck: Ich weiß das. Trotzdem

Legte ich den Kopf auf die Schreib-
Maschine, nur für Momente & so, als
Wollte ich schnell etwas ausprobieren.

Zweite Version

Am Morgen Mäuseblut auf dem Holz in
Der Küche, schnelle Übergänge auf der
Orgel, das Lied hieß »Zerbrochener Vogel«
& die harte Walze war der Gesang. Zer-
Schossenes Glas, Glasrippen, Federn aus
Glas. Das Licht kommt von schräg hinten
(Auch hier also) & fließt wie in einer
Dünnen Röhre an uns vorbei. Niemand

Schreit. Und der Gesang: Wenn du noch
Hier wärst, würde ich dich halten, an
Den Knien schütteln, dein Gesicht in den
Wind drehen & deinen Hinterkopf kauen:
Dieses Leben . . . Um halb drei mit dir
& den Kindern im Wald gewesen (Bucheckern-
Weg) – später dies hier notiert. Wie
Die Tinte nachschwärzte!

Die sieben Schritte

Im Krankenhaus: Ein Mann mit tropf-
Nassem Pyjama stieg aus dem Lift
& ging mit wilden Augen wie ein Uhu

An der Pförtnerkoje vorbei ins Freie.
Sein Leben, wie es stank & krachte!
Und oben zogen tatsächlich saudumme

Vögel ihre Achter, interessierten
Sich wie immer für alles & nichts.
Sofort kam Ordnung in die Dinge.

Montag

Zu feig für den Luftröhrenschnitt! Um
Mitternacht kroch ein farbloses Insekt
Über den Acrylteppich, meine Kälte kam
Vom Rücken her. In schönen Zügen schrieb

Ich weiter, brachte weiche, volle
Schlingen an. Auf dem Möbelhausparkplatz
Am Nachmittag war ich ganz gläsern & hart
Geworden, eine Bewegung & alles wäre

Triumphierend zusammengefallen, ein
Kristalliner Scherbenhaufen. Die Kinder
Fuhren mit den Drahtkorb-Rollwagen herum
& schwitzten in ihren kleinen Körpern. Ich

War schuld, ich wußte um die Grausam-
Keiten & brachte sie nicht zum Stillstand.
Wie schön das Gras wächst! dachte ich
Im Handumdrehen.

Aus fünf schnellen Wochen

Weiße Erde, totes Moos. Schreie aus dem
Schilf, aus der Nacht. Kisten voll Kraut, ge-

Stempelt. Und Schatten, die wie Dächer durch
Die Bäume flogen. Streitende Familien auf

Autositzen. Gelbe Tücher, Sonnenbecher.
Modische Schlitze, Kältemaschinen. Und Gummi.

Gummiskelette. Halbierte Hühner. Coyoten auf
Fotos & Tage & Wochen ohne Licht von innen

Aber mit Blüten, alten Blumen. Anstellen ums
Fleisch, um die Farben. Und dann die Stimme

Einer Verkäuferin mit Ringen um die Augen: Sie
Sprach ganz leise. Dem Wald zuliebe.

Sofortbild

Auf den Brettern hing eine Schicht
Stroh, also knapp vor dem Zaun, wo die
Pferde mit Zuckerln gefüttert wurden.

Sachte, sachte! Die Bäume hatten
Schon einen leichten Stich, dann war
Wieder ein Glucksen zu hören, immer

Dieselbe Richtung. Wörter zu Wolken:
Verglosen die? Die Kinder bauten einen
Heuschreckenstall, brutal wie Forscher.

Im Bach lag ein ehemaliges Auto, Wasser
Gurgelte durch das Handschuhfach & die
Augen rollten über alles drüber

Schleckten herum, blieben aber leise
Wie Tiere, die ihr Dasein kannten, auch
Die Fotos.

Der ganze Aufwand

Der alte Tankwart hat jetzt noch mehr
Zeit als früher. Er erzählt eine lange
Ofenstory, bis man gequält an die Decke
Schaut: Farbe schafft Raum. Der Lehr-
Ling liegt unter einem Wagen & singt
Daß irgendein Herz zurückgegeben werden
Soll. Wird gemacht. Nach vielen Minuten
Hält ein kleiner Kraftwagen, eine Frau
Mit Topfenkrawatte steigt aus & macht ein
Gesicht, als hätte sie hinter der Zapf-
Säule Löwen knurren gehört. Als sie wieder
Weg ist, bleibt es einige Atemzüge lang
Völlig still. Und die ganze Zeit über
Lehnt an den leeren Ölfässern am Rand des
Parkplatzes ein Moped voll Fleisch.

Na also

Ich durchquerte die Farben, stieg
Über einen Teller voll Schrauben.
Ich sah Gewächse, die Licht wollten
& es bekamen. Ich sah, wie der Sommer
Lachte & herumsprang, während er
Nur alles mit Cola verschmierte.
Ich sah zwei Hausfrauen einander die
Hände reichen, bevor kurz danach
Eine von ihnen einen Schnuller in
Den Kinderwagen warf, der links
Neben ihr stand. Ich sah die Straße
Tief Luft holen, ehe alles weiter-
Ging. Ich sah eine Auslage, in der
An dünnen Fäden echte Hörner hingen.
Ich sah jemanden aus dem Koffer-
Raum eines Wagens, der genau vor dem
Geschäft parkte, einen in Nylon ge-
Wickelten Betschemel nehmen & in
Den Laden tragen. Ich hörte, wie je-
Mand »Na also« sagte & sonst nichts.

Eine Welt in den Lippen

Da saßen zwei Mopedfahrerinnen auf ihren ab-
Gestellten Fahrzeugen, jede der anderen Vorderreifen
Berührend, die Helme wie Globusse auf den Gepäcks-

Trägern. Die beiden Mopedfrauen unterhielten sich
Eine holte kurz mit der Hand aus & tat, als
Müsse sie einen unsichtbaren Teller knapp vor

Ihren Brüsten entzweischlagen. Die ihr Gegenüber-
Sitzende lachte anständig, berührte dabei mit
Der flachen Hand den Tankverschlußdeckel, aus dem

Sonnenlicht herausschoß. Vier Stockwerke darüber, im
Hochland seines Zimmers, lehnte ein alter Mensch
Am Fenster & sah ihnen lange zu.

Von dunklen Augen

O selige Zeiten des Packpapiers! Mit Kinder-
Schrift verfaßte Beteuerungen! Hier waren
Ein zwei Jahre durcheinandergerutscht: Sie schnitt

Irgendwo ein Stück runter & flickte etwas anderes
Dran, die Gedanken wurden immer frecher.
Im Film überquerte sie mit der Schauspielerin die

Nasse Autobahn, Weidenzweige hingen ins Wasser
Froschlaich kreiste im Tümpel. Abends pumpte sie
Den Raum mit regelmäßigen Atemstößen voll. Der

Fernsehkoch empfahl ihr ein Rezept für den
Sonntag, das war im August. Die uralte Wut des
Einzelnen gegenüber den gespenstischen Verengungen!

In den Schrebergärten pfiffen die Windräder, Gips-
Zwerge hockten in den Primeln, ein blasser
Milchschneck am Zaunpfahl. Am anderen Tag lag

Der halbe Ramawürfel auf dem Nudelbrett, eine
Leichte Kälte rieselte über den Rücken abwärts, der
Nachbar hämmerte bereits wieder. Stark bleiben!

Kleine Übung

Die Wolken legen los. Stopft ihnen
Schnecken ins Maul! Wie hieß es im Lied?
Gute Nacht, Austin, Texas, wo immer du
Bist . . . Die Namen sind besetzt.
Finale: Am Bahnhof. Die Haltestelle ist

Aus Rasenziegeln gebaut, dahinter zischt das
Meer oder funkeln die Zahlen. Der Zug
Kommt, ganz sicher, er kämpft sich durch
Die Umrisse. Einer steigt aus, zeigt den Leo-
Pardenblick. Er hängt sich eine Art ge-

Schmolzener Langspielplatte um, schreit die
Mauer an. Was wir sehen, was wir uns vorstel-
Len, es gehört immer auch schon zum Rest
& zu dem, was nicht wirklich dagewesen sein
Wird, zumindest nicht so, wie wir es sehen & ge-

Sehen haben wollen. Oder so: Es stecken Gabeln
In den Stunden, du kannst sie hochheben, drehen.
Saft tropft runter & durch einen Sprung in der
Mauer, hinter der wir sitzen, verschwindet
Der Geruch, an den man sich eben erst gewöhnt

Hatte. Zerredete Fetzen. Von einem bestimmten
Moment an scheint dann alles nur noch anzu-
Zipfen: Arkaden des Alltags, graue Riesen zwischen
Den Sekunden oder etwas wie ein langsam ins
Herz hinein schlingernder Dampfer, darauf

Panische Leute, verzweigter Lärm, Geheul hinter
Den Gesichtern, die natürlich pfiffig sein
Müssen oder drollig, unbedingt. Oder vielleicht
Geht jemand vorüber, dem sie den Magen rausge-
Schnitten & als Hut auf den Kopf gedrückt

Haben, gerne . . . Das alles meldet sich & grüßt uns
& wir sehen es. Weiters: Wolken, Lippen, zer-
Pulverte Bäume. Und die Vögel, wie immer, turnen
Herum, spielen flotte Szenen, in denen ihre Eltern
Weg sind oder schon wieder da, Nummern jedenfalls.

Leichte Drehung

Ein Bagger hatte Gräben
In die versumpfte Bachwiese
Gezogen, die nun drainagiert
Werden sollte. Oben an
Der Straße wurde aus groben
Brettern ein Wagenunterstand
Gezimmert, dahinter stieg
Rauch auf. In einem der
Gärten kämpften Vier- oder
Fünfjährige, bissen einander
In Schulter & Wange. Einer
Trug einen Kleinkinder-
Overall, die Nähte doppelt
Gesteppt & an zwei Stellen
Mit Ringen versehen, an
Denen kleine Karabiner hingen.
Halt.

Welle

Dann noch ein Einkaufstag. Gebell. Schaum im
Asphalt. Regen auf Plastiktaschen, Licht über
Den Spuren der Reifen. Am Boden Gesichter, Knor-

Pel, zerflossene Formen. Auf der Heimfahrt
Beginnt sie im Wagen zu summen – Das Zitronen-
Lied. Ihre Glückshaut spannt sich, die Gedanken

Malen das Grunzen & den Unterton. Einmal hält
Sie an, reibt sich (beinahe) die Augen: ein
Bügelbrett am Straßenrand! Sie steht da wie

In brennenden Schuhen & in einer Strumpfhose mit
Kreuzottermuster. Zum Spaß greift sie nach dem
Puls, läßt die Hand wieder sinken. Normalerweise

Wäre sie so einer Spur wohl nicht gefolgt, aber
Jetzt ist ein Teil von ihr bereits in einer
Schweren Woge, die nach vorne will. Sie macht

Eine rasche Bewegung mit den Armen, als wollte
Sie einen Vogel aus der Luft herunterfangen, mit
Bloßen Händen. Langsam bricht die Welle.

Wege

Die Kinder weinten, als sie aus der
Badewanne rausmußten. Schaum lief in

Schmalen Bahnen ihre Rücken hinunter:
Glitzernd zerfließende Erinnerungs-

Brücken zu den Gesprächen unter den
Kastanienbäumen, während drüben das

Dach der Kapelle repariert wurde . . .
Die Vorfahren waren strenge Weinbauern

Gewesen, ein später Verwandter des
Vaters soff sich aus eigenen Stücken

In den Untergang hinein, zügig & doch
Eine halbe Geschichte. Hier der Bahn-

Übergang & das Elend der Bäume, es
Wimmelte von ungesättigten Erfahrungen.

Ein Übergewichtiger machte kurze
Schnelle Schritte, wärmte dann auf

Wie ein nervöser Musikant; er trug
Einen Bausparkassenhut aus Leinen

& zeigte kleine Tricks. Hahn oder Henne?
Jahrzehnte sind gewundene, ausgeschwemmte

Wege, einer davon führt von hier aus
Zurück bis in die Tränen & weiter, weiter.

Lesestück

Vor Jahren gab hier einer seinem
Fahrrad einen Stoß, daß es ins Bach-
Bett hinunterrollte. Dort liegt es
Jetzt nicht mehr. Aber zwei verbeulte
Waschbecken liegen dort, sie be-
Rühren einander & halten still. Auf
Der anderen Seite des Bachs: Land-
Wirtschaftliche Nutzflächen bis zur
Straße hinauf; Mais vertrocknet hinter
Einem Holzgerüst, auf dem das Wort
Sexappeal klebt. Das ernste Land!
Hier also wohnen Mäuse, Krähen
& Salamander. Und durch zweieinhalb
Jahrtausende kamen bebende Menschen in
Schneestürmen, Steppenbränden des
Herzens & freundlichen Gasthauszimmern
Um. Natürlich auch daheim, auf der
Feuerwiese, am Schnepfenweg, in den
Luftschiffen.

Lied

Ein riesiges Ahornblatt schoß
Nieder wie ein Stein. Sauwetter, ver-
Krachtes: Aber was ist das alles

Gegen die funkelnde Menschenwelt!
Einer hatte ein Maikäferbild auf den
Tankverschluß seines Kleinwagens

Geklebt, ein anderer hing halb
Verdreht & verheult auf seinem Mo-
Perl, knatterte über die Land-

Straße. Bewegt eure Zacken, die
Wimpern, das »reichere Leben«, jam-
Mert über das, was bisher so passiert

Sein mag, haut euch volle Flaschen
In die privaten Gesichter, laßt die
Schluchten ineinanderlaufen oder

Hängt euch die alten Mäntel um & macht
Euren Volkswandertag mit Gedenk-
Minute vor dem hüfthohen Kreuz aus

Birkenästen & dem mit Wasser & Berg-
Gräsern gefüllten Marmeladeglas, aber
Glaubt bitte nicht, daß euch jemand

Den Durchschnitt ausrechnet.

Starker Tag

Früher Morgen. Hügel im Wasser. Mist-
Wolken. Die Birke jault. Rinnt ihr die
Farbe runter? Leichte Bewegung im Norden
Des Zimmers. An der Türklinke eine Rauch-
Fahne aus Blut. Die Nervengitarre zittert
Schlingt sich um die warmen Gelenke.

Wir wechseln den Schauplatz. Der Regen
Hat immer noch viel zu tun. Tapfer geht er
Seinen verschiedenen Aufgaben nach. Am
Abend weiß jeder: Wieder ein Tag vorüber.
Auf diese Weise muß bitte irgendwann
Ein anständiges Leben entstehen.

Zwischen den Feuern

Weitere zwei Wochen später ist die tote
Kröte nur mehr eine schleimige Wolke
Im Wasser. Da lacht der Tierfreund! Mit
Diesem Tempo hat natürlich niemand mehr

Gerechnet! Auch Herz & Hirn wollen wieder
Brennen, schaffen es aber nicht. Wie hur-
Tig trotzdem alles läuft! Ein Kauz knurrt
In den Föhren, Gras hängt in die Kurve. Ist

Noch Vergangenheit da? Sind Wörter in der
Tasche? Kapitel drei: Die Steppe. Plötz-
Lich jagten sie alle aufs Land hinaus
Packten ein paar Gespräche ein, schnitzten

Einen Horizont & hauten Bretter drüber.
Nachts manchmal ein Poltern in den Bäumen
Als fielen Kisten raus & stürzten über-
Einander ins Gras. Man konnte sie am

Nächsten Tag in Stücke brechen & mit dem
Zerhackten Holz ein kleines Feuer im
Kopf anzünden, das lange, still & ohne
Faxen brannte.

Presence

Dreiunddreißigtausendzweihundertvierzig
& wieviel ist siebenhundertzweiundsieb-
Zigtausendvierhundertelf? Die Urlauber
Zeichnen Meerschweinchen auf die Bier-
Deckel, die zum Tüfteln einladen. Der
Arzt horcht den Säugling ab. Im Rechen-
Zentrum wird telefoniert. Die vielen
Märzenbecher! Die Frau mit der Nesterl-
Frisur & dem roten Badeanzug liegt auf

Der gestreiften Decke, das Wasser glit-
Zert. Lustig schmettert das Horn. Auf der
Gebirgsterrasse liegt Preßschnee. Die
Lehrerin segnet die Kinder. Warum habt
Ihr Angst? Die Wellen werden höher. Die
Zeichenmaschine! Die Gletscherbrille!
Der Golfschläger! Die Party-Gläser! Das
Leichenhemd! Und immer noch fehlt so
Vieles.

Die Qualen

Der Hund bellt wie ein Würdenträger. Er
Will uns etwas sagen, schafft es aber
Nicht. Blaue Schuhe in der Fernsehzeitung.
Jemand sagt: Es gibt keine Namen, nur

Schnelle Zahlen & Reihen, hinter denen
Manchmal etwas aufblitzt – meist aber nicht.
Herr W. wacht auf & merkt, daß er über-
Haupt nicht weiß, wo er ist. Erst nach ein

Paar Atemzügen sieht er, er liegt im Klo.
Später, mitten am Vormittag, sitzt er
In der Küche & öffnet eine Dose Bohnen.

Ein Blick genügt

Sie las die Morgentemperatur ab & stützte sich auf das
Fensterbrett. Ein Tropfen geriet ihr auf die Bluse, sie

Straffte sie & wischte drüber, fing dann mit ein paar
Gymnastischen Übungen an. Sie rollte die Fäuste über den

Bauch & lockerte die Schultern. Fast gleichzeitig gingen die
Symmetrischen Muskeln ans Werk, jagten unruhiges Fleisch

Zusammen. Immer noch standen Wassertropfen am Fenster-
Glas & flossen langsam nach unten. Tauet den Gerechten!

Parthenogenesis! Telefunken! Im Fernsehen hatte sie am
Abend gesehen, wie ein Liebender von einem Schiff

In die eiskalte See gesprungen war, um sich wieder auf den
Weg zurück zur Küste zu machen, wo die Geliebte viel-

Leicht noch wartete. Ein eisiger Weg! Und geregnet hatte
Es ebenfalls in Strömen! Wie hatten sie da den Film überhaupt

Drehen können, bei solchem Wetter? – Nicht ihr Problem.
Mit dem Zeigefinger zog sie ein paar Linien in das

Beschlagene Fensterglas, atmete fest. Die Augen, so hoch
Sie auch fliegen mochten, flüsterten nicht einmal. Es gab nur

Diese fast unhörbaren Geräusche des Absackens, leise, leise
Wie ein Vogelfurz.

Flucht nach vorne

Ein Dienstag. Verrückt gewordene
Fliegen. Die Schnecken fressen
Die Schuhbänder. Rote Pfeile in den
Bäumen. Ganze Stapel von Holz
Sinken geheimnisvoll in sich zusam-

Men. Eine Frau schüttet Essig in die
Blumen vor der Haustür, ihre Kinder
Fangen Blutegel & bringen sie in
Joghurtbechern heim. Im Rundfunk simu-
Lierte Ekstasen. Auf einem Balkon

Lacht eine Familie, aber nur ganz
Kurz. Nacheinander steigen dann alle
Plötzlich bei der offenen Tür ins
Innere des Hauses, die Balkonblumen
Blähen sich, Ende der Wahrnehmungen.

Landwind

Der Tag schlägt ein Rad & erhebt sich.
Wenn er Richtung Paradies wandern will – wir

Haben saubere Socken für ihn. Sein Mundstück
Vibriert noch, die Zähne mähen das Halb-

Hohe nieder, auch andere Verse sind denkbar.
Wo ist das Rückenmark? Kommen die Gesichter

Als Affen zurück? Wir finden imprägnierte
Wolken auf den Arbeitshandschuhen & hören

Jemanden sagen: Wieder mäßig Schwein gehabt.
Auch hier: die kleinen Formen. Der Wind

Zerdrückt den asphaltierten Pfad. Der Land-
Arbeiter springt vom Mähdrescher, stochert

Mit einer Latte an der Maschine herum. Einige
Bäume kämpfen. Die Sonne wacht.

Slowburn

Sie schaut der Situation ins Auge & bemerkt ein
Leichtes Flackern am oberen Lidrand, als würde
Dahinter ein unsichtbares Orchester proben, unter
Ausschluß der Öffentlichkeit. (Der Dirigent
Dehnt die Pause noch ein Stück aus, gibt dann den
Violinen das Zeichen, ein leises Klagen anzu-
Stimmen: Das blaue Leuchten der Metalle unterhalb
Der Blumen, die aus den Schwingungen heraus-
Wachsen!) Dann plötzlich Geheul von ganz weit
Hinten, eine verschlungene Schicht aus Tönen
& Geschrei. Wieviel Zeit ist vergangen? Um halb
Fünf setzt sich die Dämmerung durch, nimmt den
Oberflächen die Schärfe, ohne sie deshalb weg-
Zudrücken. Zwischen den Lehmhaufen & der blechernen
Bauhütte tauchen die Kinder auf, faseln irgend
Etwas daher von einer großen Wohnung oder Be-
Lohnung & bringen dem Hund – der aus Gründen, die
Hier nicht von Bedeutung sein sollen, ausgerechnet
»Armadillo« heißt – das Gruseln bei. Das alles
Vor dem Hintergrund viel größerer & bewegenderer
Ereignisse, deren Widerschein einen auch dann
Noch mit Unruhe erfüllen müßte, hätte man sich
Schon halb abgewandt. Blind weiterstürzen.

Studie für ein paar Übergänge

Die Heldin beugte sich aus dem
Fenster, so weit sie nur konnte
& öffnete den Mund.
Sie gehörte
Zum Inventar einer Geschichte aus
Band drei der Neuen Gefühle. Weiters
Acht Schüsse in einen weinroten
Polster, Neon-Schritte.
Draußen
Grelles Tageslicht mit Baracken
Bautrupps, Körpern in der Hocke.
Auf einer Plakatwand eingeseifte
Brüste, schimmernd.
Im Autobus später
Ein schlafendes Maul, heimlicher
Speichel. Flache Landschaften trieben
Heran & Lebensräume, Gehöfte, Schweröl-
Fässer.
Irgendwo wuchs ein Herz
Heraus, ein steiniger Weg, Buchstaben
& Dächer. Ein paar Fachleute knieten
Im Staub, untersuchten verwischte
Bremsspuren.
Wörter im Wind, matte
Scheiben zwischen Welt & Kopf. Manche
Spuren wurden dadurch weicher, später
Zugeweht.

Vexations

Tausend Kilometer bis zur Küste!
Sie hält den Atem an, bis die
Erinnerungen schweigen. Ihr Augen, was
Meint ihr? Warum immer lächeln?
Warum durch alles hindurchschauen?
Sie haut das Messer in den Toast.
Das Holz zwei Zentimeter darunter zit-

Tert. Singendes, klingendes Öster-
Reich! Schöner als Hühnerpfoten auf
Einem alten Klavier & schwer wie ein
Schlechtes Gewissen. Aber auch
Diese ganze Angst heißt ja schon
Nichts mehr, oder? Eine schöne
Wohnung. Wohnst du hier?

Dreißig Tassen Kaffee

Am Ende der Straße boxt einer gegen ein ge-
Parktes Auto. Flimmernde Luft, schmale Herzen
Mit Federn. Weiter unten eine Frau mit einer
Flasche. Sie hält sie ziemlich steil an den
Mund & setzt sie langsam wieder ab, schließt
Dazwischen kurz die Augen. Auf einem Mauer-
Sims liegt eine lederne Tasche, geplatzt. Ist
Alter Schnee drin? – Nicht jetzt, nicht hier.
Und vor der Tankstelle: Einer fotografiert &
Geht fotografierend ein paar Schritte zurück.
In einem grauen Firmenwagen weint ein Hund.

Walk On Your Faces

Der junge Gendarmeriebeamte gab sich ver-
Trauensvoll, während er mit den Fingern das
Protokoll zusammenstoppelte. Hinter den

Verwaltungsgebäuden glühte der bewaldete
Hang, die Farben waren alle noch da & wischten
Auf. Herinnen im Dienstzimmer hatten sich

Die zahllosen Spuren der Beamtenschuhe am
Gewachsten Boden einfach ineinanderge-
Schoben – sicher nicht zum erstenmal. Ein

Grund, sich in den Knöchel zu beißen? Die
Anzeige (plus Protokoll) läuft weiter zum
Zuständigen Bezirksgericht, so verlautete es

Zwischendurch & ein geduldiges Insekt trai-
Nierte zwischen Vorhang & Glas, ohne daß
Davon ausdrücklich Notiz genommen wurde, ja?

Abstände

In einem Garten stand eine Frau mit Arbeits-
Schürze hinter einem Strauch & warf mit Dreckbatzen
(d. s. kleine Erdklumpen) auf Vorübergehende
Ohne sich dabei erwischen zu lassen.
Nach jedem Wurf zog sie sich geschickt zurück
& umkreiste den Strauch so langsam
Daß er immer zwischen ihr & den auf der Straße ver-
Wundert anhaltenden & dann verunsichert weiter-
Gehenden Leuten war. Ein Strahlen in Feld & Wald!

Wenig später fuhr ein Firmenbus mit ungelernten
Arbeiterinnen vorüber, zog eine Schleife
& steuerte dann auf einem schmalen Feldweg auf eines
Der etwas weiter abseits von der Straße ge-
Legenen Häuser zu wie auf eine Bucht.
Kurzes Anhalten bei laufendem Motor – die Schiebetür
Ging auf & eine Frau mit Strickjacke
& Einkaufstasche sprang heraus. Sie ging
Ohne sich noch einmal umzuschauen
Auf das Haus zu.

Krähenbaum

Die Pflanzen quengeln, hauen sich
Trotzig in die Höhe. Nur wenige Pferde-
Längen hangabwärts war letzte Woche
Eine kranke Krähe niedergegangen. Anderswo
Wurden Autodächer aneinandergeschweißt
Zu einer neuen Schiebetür für die

Werkstatt & im Vorgarten des Gasthauses
In dem alljährlich Wettessen ver-
Anstaltet werden, sprangen eckige Figuren
Herum, übten den Büffeltanz. Taumelnde
Gesichter, schlaff hingeworfene Wüsten.

Abends: die versengten Schenkel des
Schweins im Hauptfilm! Schweinehelden!
Toter Speck, Inseln auf der Kopf-
Haut. Ein Trommelrevolvergesicht. Und
Das Pferd läuft den Berg hinauf
Bis es müde wird.

Hart hinaus

Die Gemse, falls es überhaupt eine war, sprang
Empört über den Bach. Zurück bleiben ein paar kantige

Hügel, versilberte Brennesseln, sanfter blauer Honig
Zwischen den Bäumen, von denen nicht wenige ganz

Allein stehen & dabei auch noch zeigen, daß ihnen das
Gar nichts ausmacht. Ein Knistern; kaum Wind. Und im

Körper stürzt ein Gerüst zusammen, von dessen Vor-
Handensein ohnehin nicht viel zu spüren war.

Eine vielleicht fünfundfünfzigjährige Fichte, höher
Als drei erwachsene Giraffen, beschäftigt sich ein

Wenig mit der Sonne. Tief unter ihr jetzt noch einmal
Der Bach: Er treibt einen faulen Ast an einer

Schotterbank vorbei & plätschert so dahin. Gute
Reise, um alles in der Welt.

Zähne

Nein, die jungen Tiere haben noch keine Namen
& auch keine richtigen Zähne. Sie lassen sich
Über das nasse Laub tragen bis in die Senke, die
Mit dem Schwung eines Horns ausläuft, aber die

Meiste Zeit sind sie unruhig. Bitte glauben. Und
Nun zu dir, liebe Seele! Es kommt jetzt wieder die
Zeit, in der die Blumen zusammenklatschen & es auf-
Geben, den Anschein zu erwecken, als trügen sie

Uns neuen Abenteuern entgegen, du weißt, was ich
Meine. Bis hierher & nicht weiter? Weiter! Ich
Hatte öfters Geld gefunden in den Wochen zuvor &
Einmal die Bremsen neu belegen lassen, auch sonst

Geschah manches, was sekundenlang Glanz über alle
Anstrengungen werfen hätte können & es dennoch
Nicht tat. Aber – wie der alte Böglberger immer
Sagt – besser ein etwas schlechter repariertes

Gebiß als gar keines, oder? Oft reißt mir jetzt
Schon die Geduld, bloß weil ich das Fragezeichen
Nicht sofort finde. Ja, das sind Sachen. Von
Den eingelagerten Erdäpfeln sind wir übrigens

Mit der »Linzer Rose« am ehesten zufrieden. Spek-
Kig, rosa Haut & in der Größe auch so, daß sich
Das Kochen & Schälen auszahlt. Auszahlt . . . aus-
Zahlt, ja. Eben rief die Sachbearbeiterin von der

Krankenversicherungsanstalt an, setzte mich in
Bewegung, indem sie allerhand Daten & Zahlen
Ins Spiel brachte. Dafür kommt jetzt endlich die
Sonne durch, zart noch & schwach wie dieses

Erste Drittel des Tages & doch ganz sie selbst
Was die mühelose Extravaganz betrifft, aber das
Ist schon wieder nicht das wirklich richtige
Wort, tut mir leid. Und die Tiere schlafen.

Mittendurch

So hingeknallt sah alles aus. Glänzende
Hand, die sich durch den Tag tragen läßt!
Verrücktes Gesicht! Eine hohe Welle

Lief durch den Kopf, nahm aber nichts
Mit. Ein andermal: Ich setzte mich
Ins Schlauchboot, ließ mich ein paar

Hundert Meter den Gebirgsfluß hinabziehen.
Wie die weißen Kiesel herübergrüßten!
Rinder rieben ihre straffen Hälse an den

Föhrenstämmen. Oben schloß sich gerade
Eine Wolkenmuschel, rollte sich dann
Auch noch ein. Fauler Herbst! Ein Tag

Aus lauter Ringerln! Funktionierte der
Schmerzfilter also tatsächlich? Fünf bis
Acht Wörter kamen auf eine Zeile, zählte ich.

Jetzt

Erfinde eine Hand. Torturen. Die Hand geht hoch
& schaltet herum. Elektrisches Knistern, Geräusch-

Effekte, ein kleiner Rest verschmort. Die
Stirn, gespiegelt, sieht trocken aus & leicht

Verschoben. (Bewegen Sie das Glas ein Stück vom
Körper weg. Achten Sie auf die Pfeilrichtung: Abstand

36 Zentimeter, Augen parallel!) Für jeden Buch-
Staben gibt es etwa fünf bis sechs Punkte, die mit

Linien zu verbinden sind. Im Hintergrund stinkende
Ufer, verschnürte Tiere. Und Treppen, Büros, zerfetztes

Wasser. Das eigentliche Bild, auseinandergeklappt in
24 Teile, heißt Lernspiel & läuft wie auf Schie-

Nen. Luft fällt in schmale Schächte, Gebirge setzen
Sich zur Wehr & überall wird beschleunigt. Die

Landschaft ist abgesperrt & mit Gucklöchern ver-
Sehen. Gebäude springen herum, stumme Herzen brechen

& im Radio knurrt eine Frau, die »allein« leben
Will & zugleich auch nicht. Und einem Rechts-

Anwalt wachsen die Finger zusammen – etwas, das sich
Über Jahre hinzieht, aber es geschieht.

Zwei kleine Gegenden

Auf dem Foto ist die Frau nicht
Größer als das Fragezeichen auf dem
Nylonsack.
Aus der schräg zur Seite
Gestemmten Hand schießt tapferes Wasser.
Die Blumen schlafen, das Gemüse rackert.
Ein Pavillon aus Rüben! Der junge
Baum ist in Ordnung; er hat Augen, Hufe
& eine schöne Sehne. Ein Ast wacht
Auf & schimpft. Die Tiere lachen, es geht
Ihnen gut.
Der Winter kommt & der Schnee
Folgt ihm. Oh, die schärfste Kurve
Gerade noch erwischt! Die Tankstellen
Voller Heu. Kartoffelsäcke über den
Geschwindigkeitsbegrenzungstafeln. Und
Der Wind ist erstaunt darüber, daß er
Wieder blasen kann, wie er Lust hat.
Er ruft den Schnee zu Hilfe. Der
Schnee kommt. Der Winter geht
& der Schnee folgt ihm. Ein rundes
Leben.
Anderswo: Schnee vor dem Ocean
Front Market. Hallo Pepsi. Guten
Morgen, brauner Sand auf dem Fahrrad-
Weg! Kaum Wind im Neon-Park.
Scharfe Finger überall.
Heiß hier.

Gelbe Wolke

(Für Craig Fletcher)

Als er reinging, wurde er gegrüßt.
Wir sehen uns wieder!
Blut oder Wein? Wein, bitte.
Alle schauten sie den Lastwagen an:
Jesus, so ein Lastwagen!
Was wohl würde in dreißig, vierzig
Jahren davon übriggeblieben sein?

Jetzt bloß weiter. Rinder am Wald-
Rand, Hügel wie aus Wachs.
Fasane fliegen den Berg hinab.
Die ganze Nacht durchfahren!
Reite den Stier! Friß die Wolken
Als wären es Matratzen oder
Heiße Butterkrapfen!
Vibrationen, Lichter. Morgentau
Auf dem Kinn des Wagens. Mistschlitten!

Er band immer wieder ein paar
Städte aneinander & fuhr mit dem Last-
Wagen durch, im dünnen Wollpullover
& jeden Tag neu rasiert.
Brauchte er ein Amulett?
Eine neue Braut?
Er fuhr weiter, geradeaus, bis die
Wolke in der Ferne den September fraß.

Erste Steigerung

Im Radio singt zunächst ein bulgarischer
Chor. Emailfarben stehen am Tisch, daneben
Ein Stößerl Papier. Sie kratzt ein Kümmel-
Korn aus der Wurst, wirft Blicke zum Fenster.
Draußen jagen Kinder vorbei, eines rudert
In einer Art Schmetterlingstil, mit Dampf in
Den Armen also. Sie wirft ihre Gabel auf den
Teller, tut, als wäre soeben ein Ballon ge-
Startet. Verwinkelte Gassen: der Kopf. Wieviel
Gift ist noch da? (Sie wird sich noch krank
Machen anstatt gesund!) Dann aber: Tosca!
Sehr viel später, in einer Pause, ist ein Zug
Zu hören: Schön & rein. Trotzdem kommt es
Auch hier wie immer darauf an, daß man das alles
Glaubt. Goldene Straßen! Oktoberfelsen! Und
Der Mischwald fängt an zu lachen, daß alle
Seine Blätter beben, aber wirklich.

Am tiefen Wasser

Schaum auf dem Wagenheber! Der alte
Mann brach in ein schönes, festes Gelächter

Aus. Jetzt, da vielleicht einer seiner
Letzten Winter bevorstand, wurde alles

Wieder lustig. Die Frau (Tochter?) zog
Ihn ein Stück weiter, gab im großen & ganzen

Das Tempo vor, mit dem er derzeit voran-
Kam: Mit ihr, nur mit ihr. Bald waren beide

Vorne beim Bach, wo der Asphalt endet.
Und auf allen Parkplätzen wurde gewischt

Geputzt & mit Rehleder gezaubert! Großglockner
Hochalpenstraße! Baby an Bord! Touring-

Klubs! All das gibt es. Und den alten
Mann sowieso, immer wieder.

Profil eines Nachmittags

Der Weg folgt ein paar Sträuchern, durch-
Streift dann das Halbhelle, kratzt an der Vegetation
Herum & zerstreut sich zuletzt. Grauzone, Nadeln
Aus der Tiefe, ein leises Schaben an der Haut. Das
Ohr geht zum Mund herunter & kreist wie eine
Erzählung über eine kalte Wunde, die das Vergangene
Auseinanderreißt: Alte Brigade, Dreck auf allem
Was genau ist! Hölzerner Tag, dreh ab! Eine scharfe
Strömung weht durch die Schichten, baut neue
Schatten zusammen. Einen Hals aus Rauch & Feuer.
Schnee auf einem Reibfetzen. Und die Büsche brüllen
Als wären ihre Spielsachen endgültig kaputt –
Was dem Wind wiederum egal ist.

Himmel

Die Bäuerin & Hausfrau klopft die Papageiendecke aus, ihre
Kinder binden den Dreiradler mit einer Liane an die Opel
Kadett-Stoßstange. Der Traktor schläft. Die Kuh hat ein

Freches Maul & ein Fell wie ein Hirsch. Sie kaut. Sonne
Blitzt durch den Speichel, der in Fäden auf die Wiese tropft.
Vierhundertfünfzig Meter weiter, gleich hinter dem Gast-

Haus, graben sie nach einem beschädigten Erdkabel. Zwischen
Dieser & der übernächsten Zeile liegen eineinhalb Jahre. Die
Bäuerin & Hausfrau – ihre Kleinen sind wieder um einiges

Größer geworden – steht in der Küche & läßt es zu, daß
Der Rundfunk sie verhöhnt. Sie stellt die Schermripperl
Für den nächsten Tag in den Kühlschrank. Sie leert einen

Schuß Wasser in die Badewanne des Vogels. Sie schaut einen
Moment lang wie verloren zum Fenster hinaus, entdeckt auf
Einmal eine dieser Klammern, von denen das Leben so viele

Braucht. Sie wartet. Dann zögert sie nicht länger & schließt
Diese Klammer. Ausgerechnet am Bratwürstelsonntag.
Nur das noch: Auf dem Radio liegt das Ziegengeld; daneben

Ein Foto. Es zeigt einen Schlitten voll Brot vor der Haus-
Tür: Das war im Winter vor vier oder fünf Jahren! Jetzt ist
Später Herbst. Langsam steigt das Zimmer in die Höhe.

Der wahre Atem

Prost, Nachtigall! Sei nett zum Abend & sing
Ihn nicht nieder! Laß ihn fliegen, wenn er sich

Traut! Und wenn er abstürzt, beiß ihn in
Die Brust! Zeig ihm den geheimnisvollen Schädel!

Laß Nelken aufsteigen wie kleine Tischler-
Zungen! Schaum soll über den Rand hinausspritzen

Dann Dunkelheit, bis der Himmel voller Adler ist!
An der Tankstelle können sie ruhig die paar Takte

Aus Lohengrin wiederholen, das macht gar nichts!
Und der Wind soll wieder die Tür zuschlagen

& in die Handtücher brüllen, bis ihn niemand mehr
Versteht.

Freier Fall

Sie stand unschlüssig am offenen
Fenster, blies den Rauch in die Stil-
Le, das neue Kleid hielt den Körper

Zusammen. Hatte sie das Weißglas auch
Tatsächlich in den Weißglascontainer
Geworfen & das Buntglas zum Bunt-

Glas? Zärtlich griff sie sich selbst
An die Stirn & spürte, wie die Schönheit
In Gedanken ein Seil spannte, auf dem

Zu gehen sie sich jetzt anschicken
Würde, vorsichtig & beherzt. Minuten
Später stand sie vor dem Spiegel & be-

Malte sich, lächelte sich immer wieder
Aufmunternd zu, nickte dann. So war
Es richtig.

November

Die Tage arbeiteten nicht mehr. Sie ver-
Schwanden abends in einem Wasserloch
In dem sich Sterne spiegelten. Ein heller

Kiesweg führte daran vorbei, auf dem
Ein Garantieschein für ein Dampf-
Bügeleisen lag. Verloren wahrscheinlich.

Wie nichts sonst

So flach kann nur ein See sein.
Und der alte Badesessel lehnt auch
Noch da! Harter Senf an der Arm-
Lehne! Auf dem Parkplatz läuft ein
Kind herum, spuckt auf das einzige
Auto, das zu sehen ist. Der dünne
November! Er zögert noch ein wenig
& springt dann mit ein paar Skeletten
Über den Zaun, hinein in die Blätter-
Wüste. Sind das schon die Winterflecken?
Das Wasser, auch so kann man es aus-
Drücken, ist ganz oben fast weiß.
Es zittert, saugt ständig etwas auf
Ohne sich zu verwandeln. Wir wollen das
Glauben. Es schmerzt ja nicht.

Seltsam genug

Still jetzt. Der Morgen macht auf, zeigt seine
Schwarzen Maschinen. Herinnen die Häusliche
Welt aus Kunstharz, Milchsäure, was noch?
Flammend schießt einem das Wasser über den
Schädel, im Abflußloch der Brausetasse pickt

Ein Kranzerl aus Schamhaaren & die Katze schaut
Wie eine Eule aus, sofort, sie kann das. Eine
Geschichte: Die Frau haut den Süßbrotwecken
Auf den Tisch, redet schon wieder nicht. Der
Gefährte springt auf, preßt ihr seinen muffigen

Bauch ins Gesicht, schreit durch das Haus. Der
Körper: eine Röhrengrube, Kopfbrücken drüber, hier
Ist nicht der Ort, das zu umreißen. Sind die
Rückzüge das schwerste? Ein dünnes Blech
Im Schädel singt, Ladeplanken fallen herunter

Aber es rutscht nichts nach. Oder später
Erst, Tage danach, während man nachts in Woll-
Socken durch die mondgraue Wohnung tappt, den
Übriggebliebenen Salat nimmt & ein wenig
Besteck auf der Tischplatte herumschiebt, für

Wen oder was? Die langsamen Rüssel der
Fliegen, wie sie sich durch die harte Luft
Bohren! Im Rundfunk jauchzt ein wilder Tenor
Draußen pritschelt der Regen, frißt den Spät-
Herbst. Die dunklen Schnauzen der Dinge!

Verwischt

Langsam essen die Gedanken sich durch
Die Wände, die sie voneinander trennen.
Eine leichte Nervosität durchzog diese
Woche, ließ ein Gerippe von ermüdenden
Sensationen vor dem erstbesten Nichts
Leise rasselnd zusammenstürzen. Die
Kinder zeichneten Disteln, schnitten sie
Aus & klebten sie an die Fensterscheiben
(Innen). Das weiße Fleisch herüberge-
Retteter Stimmungen! Es tropft aus den
Bäumen. Warten. Auch die Bäume warten
Oder zeigen zumindest Zurückhaltung. Dann
Schnellt etwas hervor, schiebt das Vor-
Handene zusammen, drei vier Tage werden
Zu einem, dessen Stunden wiederum wie
Zerrissene Flächen ineinander übergehen.
Gierige Engel! Wie klingt das? Gestern
Bat mich jemand, meinen Namen auf seinen
Eingegipsten Arm zu schreiben. Ich schrieb
& schrieb.

Fallender Schaum

Heute: niemand da, nur der Schnee. Beinahe. Ich rieb
Eine Briefmarke mit Schweiß ein & klebte sie drauf

Blickte in den Morgen zurück wie in einen grauen
Vorrat an Stunden. Ich flüsterte. Wer spricht? Die

Tränen: hart wie Seemänner. Tags zuvor hatte ich ein
Paar Felder überquert, als wären es leere Hallen –

Die Finsternis schäumte: Auf Wiedersehen. Erwischte ich
Überhaupt noch die richtigen Augenblicke? Eine Katze

Lag auf einem Polyesterboot, daneben ein Fetzen mit
Trockenem Tierblut. Und die Welt, weil sie sich

Dermaßen an mich heranwarf, wollte sie vielleicht noch
Mehr von mir? Die Kinder sangen, zeichneten einen

Schnellen Gott, ohne Tricks oder große Verzierung, vorne
Sehr rund. Ein Berg sank heran. Und in einem Film kroch

Ein Liebespaar durch einen Bach, erhob sich, putzte sich
Ab & wurde kurz darauf erschossen. Auch hier: Alles

Ging sehr schnell.

Champignons

Es dämmerte schon, als sie in die Sitzwanne
Stieg. Sie rieb sich flüchtig mit Seifenschaum
Ein, ließ sich wieder sinken. Quell allen

Lebens, was ist? Sägemehl unter dem Wäsche-
Trockner, im Radio um diese Zeit nur ein
Büschel sogenannter Weisen, immergrün. Sie steigt

Auf den Badezimmerteppich, macht sich trocken
Gibt sich später eine Schale heißen Zeugs. Wie
Der Föhn die Wolken zugerichtet hat! Treibende

Achat-Augen, darin ein Hammerhai aus Wolkenbändern
Mit einer Art Schwungscheibe als Schwanzflosse!
In siebzehn Stunden, also morgen, mußte sie dann

Wieder ihre Mutter bandagieren: Sie tat es ja
Gern! – nicht nur der familiären Bande wegen. Ist
Es eine kleine Welt, die in jedem einzelnen

Ihrer Schneidezähne auf & ab fährt, sogar kurze
Drehungen vollführt, weil das Leben es so
Will? Dieses Leben! Sie öffnet den Kühlschrank

Nimmt zwei der weißen Pilze heraus, beriecht
Sie, drückt die Kappen vom Stengel & läßt sie zu
Boden fallen, wo sie noch ein Stück im Kreis

Rollen. Ein paar Zentimeter Kupferdraht, mit
Einem Baumwollfaden umwickelt, liegen dort, wo
Die eine Pilzkappe zum Stillstand kommt. Das Leben

Geht weiter.

Big Swifty

Ein Knochen am Gehsteig, daneben ein scharf ein-
Geparkter Wagen voll mit Papier. Leichtes Zittern geht
Durch den Canyon aus Licht & Gerüchen, der Dezember
Kracht durch den lahmen Park. Leise ziehen Bilder
Vorbei. Sie fangen irgendwo an & hören wieder auf. Ver-

Packte Kälte, Gespräche zwischen Atemwolken & halbschief
Vorangetragenen Köpfen. Später werden Stunden vorbei-
Gezerrt, sie sträuben sich nicht, hinterlassen eine
Schmale, ruhelose Spur. Ein mürrischer Stirnbandträger
Tritt aus einem Geschäft mit etwas, das ein Sack voll

Gefrorener Zehen sein könnte. Könnte. Und tief in den
Augen mancher Vorbeihuschender sitzt immer noch das
Warten auf irgendeine wilde Chance. Eine ältere Frau
Mit Hund quert ohne Hast die Fahrbahn, an ihren Schuhen
Kleben Fäden. Eine Dose Bier rollt auf den Gehsteig.

An einer Mauer steht mit Spraydosenschrift: Big Swifty
Was Here. Umrisse, Bewegungen verdünnen sich. Für
Einige Momente scheint alles taub. Dann schütteln sich
Die kahlen Bäume, werfen dünne Schatten rüber. Eine
Frau schiebt die Hand hinter ihren Kopf, hebt das Haar

An & macht einen Teppich daraus, der weit über den
Rücken herabfällt, im Gehen. Ein Vogel hüpft aus einem
Strauch, grüßt schräg zur Seite, schluckt Auto-
Geräusche. Sein Kopf dreht sich nach hinten,
Dann wieder zurück: Es kann losgehen.

Weg damit

Der schrille Winter, angekündigt durch das Laub, das
Heuer so lange nicht von den Bäumen fiel, daß die
Leute in ihren Tagesgesprächen schon darauf zu sprechen
Kamen, blieb also aus. Tautropfen auf den letzten
Weidenknospen! Zwei davon schossen ineinander, ver-
Mählten sich zu einer kleinen Wasserwelt, in der
Unsereiner nichts verloren hat. Auch das ist jetzt
Vorbei, bitte. Jemand schnitt die letzten Wochen in dünne
Streifen & es kamen keine Tage zum Vorschein, auch
Nichts Vergleichbares, sondern nur Fasern, Reste eines
Vermuteten Ganzen, über das jeder etwas anderes
Zu verkünden hätte, würde man danach fragen: Fluchten
Wunder, Seelenkult. Später stürzt auch das wieder
Zusammen & vertrottelt, nein, verrottet wie
Die nur mehr mit halber Geduld vorgetragenen Vor-
Stellungen vom sogenannten Richtigen Leben.
Ein paar aus verkrusteten Mayonnaise-Patzen geformte
Figuren liegen am Tisch. Draußen saugt der Wind
Vertrocknete Blätter aus einer wenig beachteten Ecke
& die neuen Tage schnaufen dahin wie die ehemalige
Ortsbäuerin, der einmal jemand die Festtags-
Perücke vom Kopf gerissen haben soll, ohne dafür
Besondere Gründe angeben zu können.

Noch mehr Schwierigkeiten

Die junge Frau brachte ihren Mann mit dem Wagen zum Gast-Haus, das heißt, sie fuhr auf dem Beifahrersitz mit, wechselte Dann, nachdem der Mann ausgestiegen war, zum Lenkrad hin-Über, wendete & fuhr wieder weg. Der Mann trottete zum Ein-Gang hin, versuchte kurz einen Freudenschritt, er gelang nicht. Es war schon schattig, nur oben am Kamm des Hügelzugs Strahlte noch rosahelles Sonnenlicht auf die leicht beschneiten Äste der Nadelbäume. Wie geheimnisvoll dort oben alles sein Mußte! Jetzt & jetzt hätte ein Meteorit herunterzucken können, Oder? Neben der Straße in einer langen Reihe nebeneinander-Liegende Baumstämme: An den Stellen, wo vor kurzem noch Die Äste gewesen waren, leuchteten nun ovale bis runde Flecken – das gelblich-weiße Innere des Holzes, von Harz-Bändern überzogen. Hartgefrorene Schneeringe saßen an den Schnittflächen am Beginn der Stämme & die von der Bandsäge Rauh aufgerissenen Fasern der Jahresringe waren von innen Nach außen abwechselnd zunehmend heller & dann wieder Dunkler wie die ineinander übergehenden Streifen im Fell einer Katze. Die Frau fuhr jetzt durch die Siedlung mit Einfamilien-Häusern. Durch ein erleuchtetes Fenster war in einem Zimmer Eines der Häuser ein aufgestelltes Bügelbrett zu sehen, im Hin-Tergrund an der weiß tapezierten Wand ein in einen Makramee-Zopf eingeflochtenes Barometer, dessen ringförmige Messing-Einfassung kurz aufblitzte. Vor dem nächsten Haus stand ein Kleinbus einer Fernsehreparaturwerkstätte. Weiter.

In den Zwischenräumen

Sie schaut aus dem Fenster & sieht
Braune Streifen auf dem Eis wie auf
Einem Tigerfell. Sie schaltet den

Fernsehapparat ein: Eine Frau geht
Die heiße Seite der Straße entlang. Sie
Fragt: Wer war das, der da eben aus

Dem Wagen sprang? Sie schließt die
Vorhänge: Draußen rollen die Hügel da-
Hin, es ist noch nicht wirklich

Dunkel. Sie spürt auf einmal jede
Ihrer Zehen. Sie kaut an ihrem Haar
& zieht die nasse Strähne über ihre

Wange. Sie schwingt einen langen Arm
Nach hinten in der Art der Eisstock-
Schützen. Sie folgt einer seltsamen

Kleinen Wut wie einem Weg durch Feld, Berg
Tal & Welt. Sie rätselt natürlich auch
& spannt – wie wir alle – eine dünne

Schnur über den tagtäglichen Rock & Roll.
Oder sie setzt sich lieber doch nur
Hin, liest den Anfang des Kapitels »Beu-

Len« & hat das Gefühl, das hätte auch
Ihre Großmutter geschrieben haben können.
Das macht aber nichts.

Grau, rot

Zu einem nächsten Kind – es hätte vielleicht
Alberta oder so geheißen – kam es nicht mehr.
Ein Endpunkt also. Oder etwas, das auf eine
Schnittstelle zulief, die sich auch umkreisen
Hätte lassen, aber das klingt bereits wie ein
Guter Ratschlag . . . Und das Gestein flimmerte.
Winterlicht über dem Fels. Wachsende Schleier
Im Nachbartal, wo der Schmerz sich verlaufen
Mußte. Im Haus wurden wieder Äpfel auseinander-
Geschnitten, bemalt, um damit Stoffe zu be-
Drucken. Schöne Muster entstanden.

Epilog

Zwei Jahre vergingen. Eines davon ein
Schaltjahr. Der Stromableser kam, stolperte
Über Lauser, den Hund. Fluchte kurz. Am
Abend nach der ersten Rauhnacht wurde ein
Schöner Teller mit Suppe vor die Haustür
Gestellt, für die Feen & Geister, falls es
Tatsächlich noch welche gab. Dann wurde
Eine Geschichte vorgelesen, in der sich am
Schluß eine Frau ihre Hände in Fasanenblut
Wusch. Wozu eigentlich?

Hängende Gärten

Bald hatte der Frost auch den Kübel er-
Reicht: Nun also ging es ihm endlich an den
Kragen! Wolken schwärmten über den

Block, Umrisse von Flußpferden, zerstörte
Lieder. Herunten: himmelblaue Mähnen, Augen
Bemalt mit hartem Dunkel. Eine junge Fa-

Milie mit Sorgenkind & zwei weißen Wecken trat
Aus einem Nahrungsladen. Ein Schweineschuh
Flog über die Büsche, gut gezischte Ränder. Seid

Gegrüßt & hoppauf! Drei Straßen weiter
Hingen frisch geputzte Zimmer aus den Fenstern.
Eine wie aus einem Felsen gehauene Rad-

Fahrerin strampelte daran vorbei, schnelle
Linien, extrahelle Socken. Und wenn ständig
Eins ins andere überging: umso besser.

Fahrt

Das Tier war noch warm. Es war genauso alt
Geworden wie sein Schädel, den es im Sterben

Noch ein wenig zur Seite gedreht hatte: Dort
War er dann geblieben. Sonnenlicht kam jetzt

Aus dem Blutwasser, das schräg über die Straße
Lief & langsam kreisende Schlingen bildete

Durch die dieser Tag nun wohl hindurchmußte.
Viel Glück.

Kleine Zeichnung

Die Mutter kaufte einmal auf einem Dorf-
Kirtag etwa zwanzig Paar Zwirnsocken, die
Sie uns nach & nach zu den Geburtstagen
Schenkte. Das liegt jetzt Jahre zu-
Rück. So nennt man das. Vor mir eine
Broschüre von Texas Instruments, sie
Stört mich nicht & sie will nichts von
Mir. Ohne Eile zeichne ich auf die
Weißen Stellen der Broschüre eine Land-
Schaft, in der Schuttgras & Disteln
Die Schienen einer schmalen Werksbahn
Überwuchern. Die Landschaft gibt es
& ich kenne sie gut. An ihrem äußersten
Rand stehen Birken, sie tragen noch
Laub & sind gut in Form. Liebe Wörter!
Es ist ein weiter Weg von den Birken
Bis zu diesem Gedicht, aber ihr könnt
Ihn gehen, wenn es euch Spaß macht. Ich
Aber zeichne noch schnell einen Socken
Der schräg in dieses Bild reinhängt, er
Soll nichts bedeuten, gehört jedoch dazu.

Lied (Allegro)

Vor Tagen hörte ich feinen Gesang aus dem Heiz-
Körper, es war der Gesang des munteren Metalls.

Ich saß da & hörte nur zu, nur zu. Dann kamen die
Gedanken dran & sangen ebenfalls, verließen den

Kleinen Raum. Über den verschneiten Wäldern stand
Ein Hubschrauber. Ihr guten Rotorblätter! Gebt

Uns zum Abschied frohen Mut! Und dann: Allegro
(Mit durchaus ernstem & feierlichem Ausdruck)

Laß es bluten, heller Tag! Gib uns deine Sehn-
Sucht & erlöse deine Übel aus eigener Kraft, du

Kennst uns doch, wir schaffen das nicht. Aber ein
Schönes Winterl haben wir. Und der Sohn des Arz-

Tes hat ein paar alte Geburtszangen an seine
Rodel gebunden & jagt damit über die Wiese. Ja-

Wohl, so geht das! Denn morgen ist das alles
Schon wieder vier oder fünf Tage vorbei.

Dispersion

Am Tag der Murmeltiere (Mariä Reinigung)
Malte ich einen Pavian, spuckte ihm
Ins Fell, verrieb alles. Ich donnerte den
Hintergrund auf, ließ einen dicken Wald
Entstehen, der nichts als ein Schlund war
In den sich alles hineinstopfen ließ:
Burgen aus Schmerz, Turniere im Dschungel

Der Oberflächen. Ich ließ die Erscheinungen
Sehr hart & immer dunkler werden. Ich brüllte
Die Pflanzen an, schleuderte Fleisch auf die
Blätter, steckte die Blutspuren in Brand.
Dann nahm ich das Feuer zurück, färbte noch
Einmal alles frisch ein, heller jetzt.
Ich machte die Augen ganz schmal & sah eine

Welt voll Künstlichkeit & Unschuld: Ein graues
Pferd schoß aus der Lieferanteneinfahrt
Einer Kistenfirma, galoppierte ins Herz des
Morgens. An einer Haustür hingen mit zusammen-
Gebundenen Beinen tote Rebhühner, leiser
Wind plusterte den Flaum um ihre Hälse. Und in
Einem kleinen Kaufhaus, auf einer blauen

Packung Meersalz, wälzten sich die Wellen des
Ozeans krachend auf die Küste zu.

Unterwegs

Ich ging im Wintermantel durch den
Autotunnel, draußen alles zugeschneit.
Im Kopf warmes Dunkel, Silhouetten von
Babies & Herzen aus Schlangenhaut.
An einer Straßenecke stand ein Hund
Dem die Dummheit aus den Augen schaute:
Erfindung. Immer mehr Wörter fielen
Raus, dann ganze Sätze: Jeder mag
Lichter, Farben – darum all das Grau
Ringsherum! Ich kam an einem alten
Fischgeschäft vorbei, das jetzt ein
Videoladen war. Setz dich auf diesen
Zaun, dachte ich, aber ich tat es nicht.

Warum gerade jetzt

Grimmige Tage. Eisbröckerl kullern
Aus einem Hang, den die Sonne beheizt.
Weiter vorne scheint es, als lägen da

Die Reste eines überfahrenen Tinten-
Fischs in der zugefrorenen Traktorspur.
Helle Risse im Naturbild, eine Fahrt

Durch die Wörter. Aus dem Fenster der
Wohnung über dem Feuerwehrdepot hängt
Ein Trachtenkostüm zum Auslüften.

Rauch steigt aus dem Bachbett. Am Bachrand
Zwei Bäume, die sich seit Jahren zu Tode
Schmusen, aber erst jetzt fällt es auf.

Ohne Titel

Zum Schluß: Zwei große
Rote Rüben, heiß & ge-
Schält, liegen auf dem
Teller. Das Telefon tief
Im Kasten, unter einem
Handtuch, sehr dunkel.
So ist die Stille: Warme
Fersen. Stummer Regen
Auf dem Eis. Und unter
Einem Stoß Papier das
Blaue Blumenheft! Darin
Auf einer der vielen hel-
Len, nicht numerierten
Seiten ein Gedicht, das
Schon seit langem nur
Das Wort »Rache« im Titel
Führt. Später mehr.

Inhalt